Felix Menzel

MEDIENRITUALE

Über den Autor

Felix Menzel, geboren 1985 in Karl-Marx-Stadt (heute: Chemnitz), studiert Medien- und Kommunikationswissenschaften, Politikwissenschaft und Betriebswirtschaftslehre an der Martin-Luther-Universität Halle-Wittenberg.

Er ist verantwortlicher Redakteur des Online-Magazins BlaueNarzisse.de.

FELIX MENZEL

Medienrituale und politische Ikonen

EDITION ANTAIOS
kaplaken 13

www.antaios.de

Buchgestaltung und Satz: Oktavo, Syrgenstein
Druck: DTP & Druck Matthias Kopp, Heidenheim
Bindung: m.appl GmbH, Monheim

Die Deutsche Bibliothek – CIP-Einheitsaufnahme
Menzel, Felix:
Medienrituale und politische Ikonen
96 Seiten, gebunden
Erste Auflage
Schnellroda, Edition Antaios, 2009

ISBN: 978-3-935063-83-8

Inhalt

Bilder

Einstieg über das Auge

Christusikone

Diese Ikone aus dem 6. Jahrhundert aus dem Katharinenkloster in Sinai soll »nicht von Menschenhand gemalt« sein. Religiöse Ikonen sind keine Kunstwerke im engeren Sinn, sondern rein für den kultischen Gebrauch gedachte Bilder. Ohne die sie begleitenden Mythen und Rituale können wir ihre Wirkung nicht verstehen. Ikonen simulieren über den Augenkontakt und die Frontsicht eine persönliche Kommunikation mit dem Betrachter, der von dem Bild gebannt werden soll.

Albrecht Dürer: Selbstbildnis (1500)

Die *Imitatio Christi*: »So malte ich, Albrecht Dürer aus Nürnberg, mich selbst mit den mir eigentümlichen Farben im Alter von 28 Jahren.«

Das Dürer-Selbstbildnis von 1500 zeigt, daß es schon seit Jahrhunderten eine gängige Methode ist, das Schema von Ikonen zu verwenden und mit neuen Bedeutungen aufzuladen. Dürer beschäftigte sich intensiv mit der mathematischen Suche nach Sehkonventionen und leitete daraus Gestaltungsrichtlinien für Bilder ab. Wenn ein Künstler eine Ikone mit einer neuen Bedeutung aktualisiert, verändert er zwar ihren Inhalt, bedient sich aber trotzdem eines gesellschaftlich etablierten Schemas.

1500

Ikonisierte Bio-Kuh

Für den Titel der Juli-Ausgabe 2008 des Magazins *Cicero* malte der Hamburger Hyper-Realist Knut Maibaum die Bio-Kuh als Werbeikone. Maibaum entlarvt damit die mythische Scheinwelt der Umwelt-Ideologen. Ihre Welt ist nur eine Illusion, die nur auf Bildern – in diesem Fall dem hinter der Kuh – besteht. Vor diesem Hintergrund überhöhen die Umwelt-Ideologen die nach »EG-Öko-Verordnung« geprüfte und deshalb mit dem »BIO«-Siegel versehene Kuh zu ihrer Ikone.

Mit diesem Bild dürfte Maibaum den Bio-Schwindel und die wirklichkeitsfremde Umweltpolitik der Europäischen Union kritisieren. Wer sich die Bildkomposition näher anschaut, erkennt, daß sich der Künstler des ikonischen Schemas bedient. Dieses Schema hat sich bis heute erhalten und läßt sich in verschiedenen Verkleidungen wiederfinden.

MAGAZIN FÜR POLITISCHE KULTUR
BIO

Iwo Jima: das Original

Wer kennt dieses Foto?

Iwo Jima: das inszenierte »Original«

Dieses Bild des damals 33jährigen *Associated Press*-Photographen Joe Rosenthal ging um die Welt und verbildlicht bis heute den unbändigen amerikanischen Kampfgeist. Mit dem US Marine Corps War Memorial in Arlington wurde dieses Motiv in ein zirka 30 Meter hohes Denkmal (Fahne mitgerechnet) gegossen. Diese Statue ist das größte bronzene Denkmal der Welt.

Nach dem Buch von James Bradley erschien des weiteren 2006 unter der Regie von Clint Eastwood der Film »Flags of Our Fathers«. Dieser Film erzählt die Geschichte der blutigen Schlacht um Iwo Jima im Februar 1945. Der Vater von James Bradley war einer der sechs Männer, die die Fahne auf dem Mount Suribachi hißten.

Iwo Jima und globale Erderwärmung

Ebenso wie das ursprüngliche – von religiösen Ikonen abgeleitete – ikonische Schema hat sich das »Iwo Jima«-Motiv als Schablone für unzählige andere Bilder herauskristallisiert. Nicht nur das Magazin *Time* verwendete es, um einen gänzlich anderen Kontext – nämlich die globale Erderwärmung und die Rettung der Natur – zu thematisieren. Auch deutsche Zeitungen und Zeitschriften greifen auf diese Schablone zurück. *Der Spiegel* adaptierte für den Titel der Ausgabe 5/1995 dieses Motiv, indem er deutsche Blauhelm-Soldaten die Fahne der Bundesrepublik Deutschland aufstellen ließ. Vier Jahre später (Ausgabe 31/1999) zeigte das Wochenmagazin deutsche Touristen beim Kampf um Mallorcas Strände ebenfalls in »Iwo Jima«-Pose.

Obama's Working-Class Woes
Why More Women Are Choosing C-Sections
Can Richard Branson Save the Airline Industry?
TIME
SPECIAL ENVIRONMENT ISSUE
How to Win The War On Global Warming
BY BRYAN WALSH

Andy Warhol: Mao

Warhol portraitierte Mao Zedong (1893–1976), weil dieser 1972 angeblich der berühmteste Mensch der Welt gewesen sein soll. Die China-Begeisterung in den USA Anfang der 70er Jahre dürfte des weiteren für seine Portraitierung gesprochen haben. Durch die ständige »Wiederholung« des Portraits dominiert bei Mao nicht das von ihm angerichtete Unheil, die Millionen von Menschen, die er auf dem Gewissen hat, und die von ihm zu verantwortende politische Realität, sondern sein »Image«. Warhol thematisierte dies, trug damit jedoch gleichzeitig zur Entpolitisierung Maos und der Etablierung seines Konterfeis bei.

Auf dem Tiananmen-Platz über dem Tor des Himmlischen Friedens und Eingang zum Kaiserpalast thront Maos Portrait. Es ist 6,50 Meter hoch und 5 Meter breit.

Tiananmen: erster Ikonisierungsversuch

Ab dem 29. Mai 1989 gab es mit einer Nachbildung der Freiheitsstatue, der »Göttin der Demokratie«, erste Versuche, für die Weltöffentlichkeit ein zentrales Bild über die Demokratiebewegung in China zu schaffen, welches westliche Medien anfangs auch annahmen. Die zwölf Meter große Figur war von Studenten der Zentralen Kunstakademie kreiert und dem Mao-Portrait symbolisch gegenübergestellt worden. Dieser Demonstration vorausgegangen waren monatelange Besetzungen des Platzes des himmlischen Friedens durch Studenten.

世

Tiananmen-Ikone

Letztendlich setzte sich als das Bild über die chinesische Demokratiebewegung aber nicht die »Göttin der Demokratie« durch, sondern der »tank man«. Am 5. Juni 1989 positionierte sich ein anonymer Mann vor siebzehn Panzern und ihm gelang es, sie zu stoppen. Mutmaßlich handelte es sich bei dem »tank man« um den 19jährigen Studenten Wang Weilin. Mehrere Photographen wie etwa Jeffrey Widener von AP, Charles Cole von UPI, Stuart Franklin und einige Kamerateams hielten die entscheidende Szene vom »Unknown Rebel« fest.

Der zentrale Konflikt der Szene besteht zwischen dem einzelnen, wehrlosen Bürger und der Autorität des totalitären Staates. Der verletzliche, anonyme Einzelne steht symbolisch einer technologisch-ausgerüsteten Armee gegenüber. Nicht zu vergessen die distanzierte Beobachterperspektive, die eine typisch westliche ist und Alternativen zu den dargestellten Akteuren möglich macht. Die dominanteste Alternative des Westens zwischen grenzenlosem Individualismus und autoritärem Staat ist das Modell der Repräsentation.

Der Photograph Charles Cole erhielt für dieses Photo 1989 den *World Press Photo* Award.

Eat more Chikin

Die Chick-fil-A Corporation warb 2002 für ihre Produkte mit dem TV-Spot »Eat Mor Chikin«. Die letzte Einstellung dieses Werbespots zeigt eine Kuh vor vier Bulldozern. Der Spot ist deutlich erkennbar an die Tiananmen-Ikone angelehnt, obwohl er inhaltlich fast nichts mehr mit ihr gemein hat. Die in der Ikone sichtbar gewordene Courage des anonymen Mannes wird übertragen auf die Kuh und der Betrachter dazu aufgefordert, Zivilcourage mit der Kuh zu zeigen und deshalb weniger Rindfleisch zu essen und somit den Einfluß der großen Fast-Food-Ketten Nordamerikas mit ihren Rindfleisch-Burgern zurückzudrängen. Die Werbung erhebt Hähnchenfleisch-Essen zum emanzipatorischen, widerständigen Akt.

Che Guevara im Playboy

Mit Che Guevara ist jemand zur Ikone geworden, der zeitlebens daraufhingearbeitet hat. 1960 ließ er sich von dem Photographen Andrew St. George für den *Playboy* ablichten. Diese bewußten Inszenierungen haben zu seinem Starkult und der Betonung seines Sexappeals maßgeblich beigetragen.

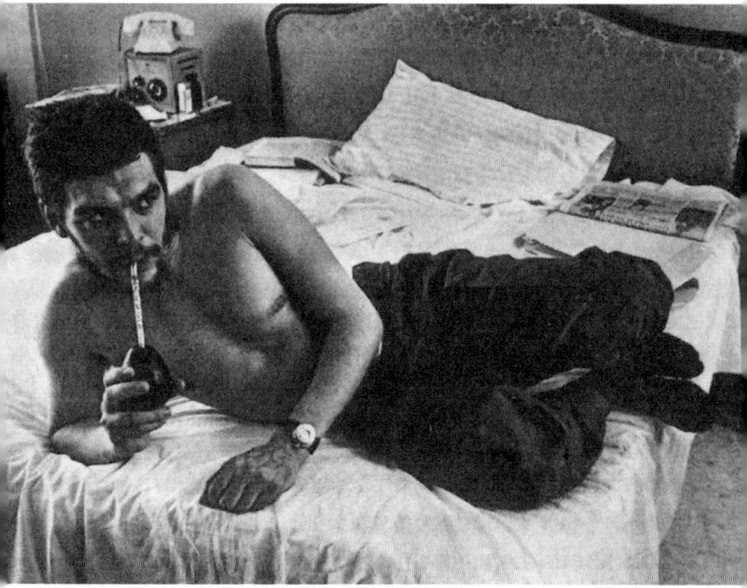

Der tote Che Guevara

Der Che-Guevara-Biograph Jorge G. Castañeda schreibt, daß die Bilder vom toten, aufgebahrten Ernesto Che Guevara von 1967, die christusähnlich wahrgenommen wurden, die eigentliche Ikone erst möglich machten, da das Verschmelzen von Mythos und Geschichte durch diese Bilder besiegelt wurde. »Die Symbolkraft Ernesto Che Guevaras ist ohne den Aspekt des Opfers nicht begreifbar«, so Castañeda. Dies bezieht er nicht nur auf sein Sterben, sondern auf seine gesamte Lebensführung. Erst nach den Opferbildern wurde das berühmte Portraitbild aus dem Jahr 1960 von Alberto Korda neu entdeckt.

»Ich hatte den Eindruck, daß ich Christus photographierte«, so Freddy Alborta, der die Bilder vom toten Guevara schoß.

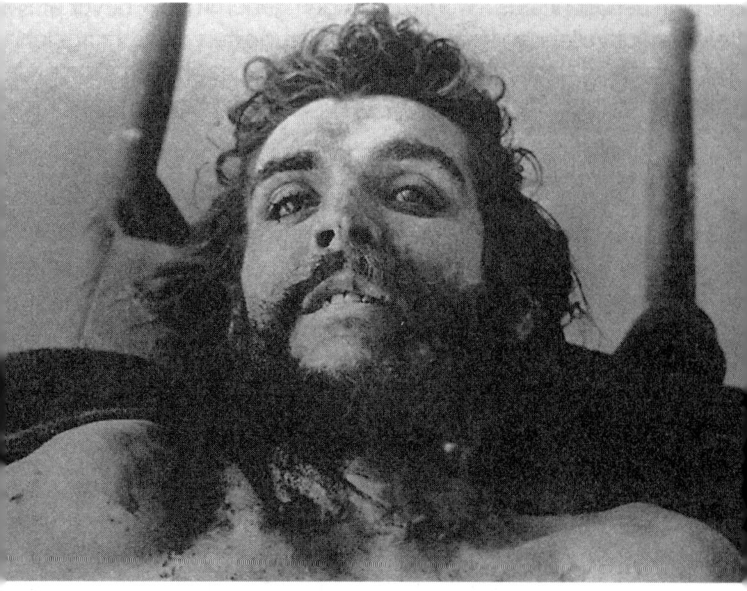

Che Guevara, die Ikone

Alberto Kordas Portrait zeigt Guevara 31jährig mit einem unverwechselbaren, idealistischen Blick in die Zukunft. Dies zusammen mit der Symbiose aus Mythos und Geschichte des Che Guevara sowie dem Zeitgeist der 60er-Jahre ermöglichten die Ikonisierung des Bildes. Korda übereignete das Bild 1967 dem italienischen Verleger Giacomo Feltrinelli, der es dann auf Postern abdrucken ließ. Danach verbreitete es sich in Windeseile. Heute gilt es als eines der am weitesten verbreiteten Bilder des 20. Jahrhunderts. Es wurde auf Kaffeetassen, T-Shirts, Postern et cetera reproduziert und mehrmals in der Werbung eingesetzt. Dabei steht aus heutiger Sicht außer Frage, daß die Assoziationen, die mit Guevara geknüpft werden (Freiheit, Idealismus, Kampf um Gerechtigkeit, ...), aufgrund seiner Lebensgeschichte hätten anders ausfallen müssen. Guevara war ein dilletantischer Politiker mit viel Blut an den Händen.

Caspar David Friedrich: Der Wanderer über dem Nebelmeer

Deutsche Ikonen I

Nach Motiven des Elbsandsteingebirges entstand 1818 »Der Wanderer über dem Nebelmeer«. Die erhöht stehende Rückenfigur, Caspar David Friedrich sah sich vermutlich selbst darin, erinnert an ein Denkmal und zieht durch die Verdeckung des Fluchtpunktes den Betrachter ins Bild hinein. Dadurch entsteht eine hohe emotionale Einbezogenheit des Betrachters. Bis heute wird dieses Motiv in verschiedensten Zusammenhängen verwendet.

FAZ-Stellenmarkt (2004): Gehen Sie in Führung.

Deutsche Ikonen II

Nein, die *Frankfurter Allgemeine Zeitung* möchte keinen neuen Kaiser oder eine neue Kaiserin küren. Sie wollte ihre Leser 2004 mit dieser Anzeige nur darauf aufmerksam machen, daß man mit dem *FAZ*-Stellenmarkt »in Führung gehen« könne.

Das Gemälde »Die Proklamation des Deutschen Kaiserreichs im Spiegelsaal zu Versailles am 18. Januar 1871«, nach dessen Vorbild diese Anzeige gestaltet wurde, stammt von Anton Alexander von Werner. Dieser war als Augenzeuge bei der Reichsgründung dabei und fertigte drei Gemälde zur Proklamation an. Das dritte, 1885 zum 70. Geburtstag von Bismarck fertiggestellt, setzte sich letztendlich durch und findet sich heutzutage in unzähligen Geschichtsbüchern. Von der reinen Abbildung des historischen Moments hatte sich diese Version bereits ein gutes Stück entfernt. So trägt Bismarck darauf auf einmal eine weiße Galauniform und den Orden »Pour le Mérite«. Werner erklärte, diese Abweichungen von der historischen Wahrheit habe er aus ästhetischen Gründen vorgenommen.

Gehen Sie in Führung.
Profitieren Sie von erstklassigen Stellenangeboten mit Deutschlands wichtigstem Stellenmarkt für Fach- und Führungskräfte. Jeden Samstag in der F.A.Z. oder unter www.faz.net/stellenmarkt.
Frankfurter Allgemeine
ZEITUNG FÜR DEUTSCHLAND
Der F.A.Z.-Stellenmarkt
www.faz.net/stellenmarkt

Helmuth Pirath:
Heimkehr aus dem Krieg
Deutsche Ikonen III

Ein Heimkehrer aus sowjetischer Kriegsgefangenschaft trifft erstmals auf seine 12jährige Tochter.

Helmuth Pirath erhielt für dieses Photo den World Press Photo Award 1956.

Willy Brandt:
Kniefall
Deutsche Ikonen IV

Der Kniefall von Willy Brandt am 7. Dezember 1970 in Warschau am Denkmal für die Ermordeten des Gettoaufstandes markierte einen Wendepunkt in der deutschen Ostpolitik. Brandt benutzte den Kniefall als inszenierte Geste und Pathosformel. Zuerst ging er zum Kranz vor und zog dessen Schleifen gerade, obwohl diese kaum gerader hätten sein können. Dann schritt er langsam zurück, hielt kurz inne und ließ sich auf die Knie fallen. Diese Geste war vorher nicht abgesprochen. Bis heute hält unter Historikern der Streit darüber an, ob Brandts Kniefall spontan oder bewußt geplant war.

Medienrituale und politische Ikonen

1. Das »Quasi-Heilige« der Medien und der neue Stammeshäuptling des globalen Dorfs

Mythos, Ritual und Ikone sind allesamt Begriffe, die der religiösen Sphäre entstammen. Allgemeiner gefaßt handelt es sich bei ihnen um Dinge, die dem normalen Gebrauch der Menschen entzogen sind und somit »Heiligkeit« erlangt haben. In archaischen, monokulturellen Gesellschaften hatten sie die Aufgabe, einen sozialen Kitt über gemeinsame emotionale Erlebnisse herzustellen. Es ist erstaunlich, daß in den heutigen weitestgehend säkularisierten westlichen Gesellschaften Mythen, Rituale und Ikonen in neuer Verkleidung immer noch eine große Rolle spielen und noch heute dazu beitragen, Gefühle zu sammeln und zu konzentrieren. Die westlichen Gesellschaften belustigen sich mit auf sich selbst bezogenen Zeremonien ohne echten Inhalt und sind bei weitem nicht so aufgeklärt, wie sie selbst annehmen. Vielmehr fallen sie nur deshalb nicht in sich zusammen, weil sie durch primitive Kulturpraktiken emotionale Bindungen und damit scheinbare Gemeinschaften aufgebaut haben. Zu diesen Praktiken zählen Hexenjagden, Verbannungen von bösen Menschen, die Suche nach einem Messias, Pilgerfahrten und die Ausrichtung auf quasi-religiöse Zentren.

In *Theorien der Nachkriegszeiten* (2008) vertritt der deutsche Philosoph Peter Sloterdijk die Auffassung, die Europäer hätten im »Katastrophenschatten« der Exzesse von 1914 bis 1945 auf einen »nach-geschichtlichen modus vivendi« umgeschalten. Sie würden echte, große Ereignisse in der Geschichte meiden und statt dessen bestimmte Surrogate einsetzen. Dazu zählt Sloterdijk zum einen das »Prinzip Inszenierung in der zeitgenössischen Event-Kultur« und zum anderen die »Ersetzung von Ereignissen durch Erinnerungsereignisse«. Inszenierungen in den Medien dienen demnach als Ersatz für gemeinschaftlich zu ertragende Ereignisse, die über eine Fußballweltmeisterschaft hinausreichen. Das tragische historische Ereignis ist der Gemeinschaft abhanden gekommen. Dafür kreieren Medien dramatische, emotionale und tragische Momente, die kultische Züge aufweisen.

Außer Medien- und Konsumangeboten hat diese

Gesellschaft nicht allzu viele Placebos für die kollektive Sinnstiftung zu bieten. Die »herrschende Elite« hat die großen Sinnzusammenhänge Gott, Nation und Vernunft in den letzten Jahrhunderten dekonstruiert und steht nun vor dem Problem, etwas anbieten zu müssen, was die Gesellschaft zusammenhält. Um diesen letzten Kitt aufrechtzuerhalten, stiften mediale, von Tradition und hohem kulturellem Wert entfremdete, Rituale sowie Zeremonien unter Zuhilfenahme kultisch gebrauchter Bilder eine deformierte Identität, ohne die unsere Gesellschaft atomisiert würde, da dann die Gefahr bestünde, daß sich die Menschen des allgegenwärtigen Nihilismus bewußt werden.

Ideologien wie der Nationalsozialismus oder der Kommunismus werden oft als die Ersatzreligionen des 20. Jahrhunderts bezeichnet. Mit dem Ende der großen Ideologien und gleichzeitig dem von dem kanadischen Medientheoretiker Marshall McLuhan beschriebenen Ausklang der »Gutenberg-Galaxis« kann man darüber nachdenken, die Massenmedien, und dabei insbesondere die visuellen und audiovisuellen, als Ersatzreligion des 21. Jahrhunderts zu bezeichnen. Fernsehen, Internet und Radio rauschen bei den meisten Bürgern einen beträchtlichen Teil des

Tages im Hintergrund. Über die Mattscheibe übertragene kultisch gebrauchte Bilder (Ikonen), erzählte und mitgespielte Mythen sowie große und kleine Rituale tragen außerdem dazu bei, daß sich trotz der Pseudo-Individualisierung aller Lebensbereiche Kollektividentitäten erhalten, die über gemeinsam erlebte Gefühle einen fragilen, sozialen Zusammenhalt erzeugen.

Medien vermitteln also keine neue Religiosität. Sie ahmen religiöse Praktiken nach. Analogien zwischen den weiterhin strikt getrennten Systemen Religion und Medien machen deshalb nur auf einer strukturellen Ebene Sinn und können zu neuen Erkenntnissen führen.

Das »Grundrauschen der Medien« und die Nebenbei-Beschallung könnte zunächst einmal zu der Meinung verleiten, Medien transzendente Wirkungen generell abzusprechen, denn: »Der zeitgenössische Mensch kehrt abends nach Hause zurück und ist völlig erschöpft von einem Wirrwarr von Erlebnissen – unterhaltenden oder langweiligen, ungewöhnlichen oder gewöhnlichen, furchtbaren oder erfreulichen –, ohne daß auch nur eines davon zu Erfahrung geworden wäre«, wie der italienische Philosoph Giorgio Agamben in *Kindheit und Geschichte, Versuch über die Zerstörung der Erfahrung* schon 1978 diagnostizierte. Wenn es jedoch neben diesem ohne Zweifel feststellbaren »Wirrwarr von Erlebnissen« nichts Herausragendes gäbe, könnten sich keine einigermaßen stabilen Identitäten mehr bilden und erhalten. Ohne Identität oder Surrogate dafür verlöre die Gesellschaft eines der wichtigsten sie konstituierenden Elemente. Mythen, Rituale und Ikonen stiften in den Medien Identität. Daß es daneben natürlich auch ganz profane Routinen und Rezeptionsmuster wie die Dauerberieselung mit Serien gibt, die keinen überindividuellen Charakter haben, soll keinesfalls bestritten werden. Routinen und Rituale, Informationsflut und mythische Erzählungen sowie Bilderflut und Ikonen schließen sich nicht gegenseitig aus. Sie ergänzen sich vielmehr.

McLuhan erkannte bereits in den 1960er Jahren, daß mit dem Ende des Buchdruckzeitalters und dem Siegeszug des Fernsehens sich die westlichen Gesellschaften grundlegend wandeln werden. Er sagte ein »globales Dorf« voraus, welches ähnlich einer primitiven Stammesgesellschaft kommunizierе. Visuelle Zeichen und das gesprochene Wort avancieren in diesem Dorf zu den wichtigsten Verständigungsformen und drängen den durchdachten, geschriebenen

Text an den Rand. Emotionalität und Irrationalität gewinnen dadurch gegenüber der Vernunft wieder an Gewicht. Heute, knapp 40 Jahre nach McLuhans Prognose, zeigt sich ihre Richtigkeit. Der Medientheoretiker hatte recht, als er behauptete, Politiker würden wie Stammeshäuptlinge auftreten, die durch emotionale Ansprache ihr Wahlvolk hinter sich scharen. Der US-Präsidentschaftswahlkampf zwischen dem Demokraten Barack Obama und dem republikanischen Spitzenkandidaten John McCain bot so ein weltweit beachtetes, emotional aufgeführtes Schauspiel. Erstmals in der deutschen Fernsehgeschichte übertrugen die öffentlich-rechtlichen Sender die TV-Duelle zwischen den beiden US-Kandidaten live. Die inhaltliche Auseinandersetzung mit Obama und McCain kam dennoch zu kurz. Statt dessen emotionalisierten die Medienmacher, wo es nur ging. Die *FAZ* zeigte Obama beispielsweise kurz nach dem Gewinn der Wahl im Superman-Kostüm und sogar die Jugendzeitschrift *BRAVO* benutzte sein Konterfei für ein Poster. Überall feierte man den neuen – noch dazu schwarzen – Stammeshäuptling des »globalen Dorfes«, ohne seine politischen Vorhaben wirklich zu hinterfragen.

Die Metapher des »globalen Dorfes« eignet sich zur Beschreibung der Grundzüge der Mediengesellschaft deshalb so gut, weil sich klammheimlich der Mythos, Medien seien das soziale Zentrum der Welt, eingeschlichen hat. Die Suggestion dieses sozialen Zentrums hat das alte Dorf- oder Stadtzentrum weitestgehend ersetzt. Heute spielt die Musik nicht mehr auf dem Marktplatz, sondern wenn man den Fernseher anstellt. Bei gesellschaftlichen Großereignissen wie der Fußball-Weltmeisterschaft aber auch Events der internationalen Politik wie der US-Präsidentschaftswahl können die meisten Menschen nur mittels eines Zugangs zu den Massenmedien mitfiebern. Nur mittels der Satellitenperspektive, die Fernsehen, Radio und Internet ermöglichen, kann man scheinbar hautnah bei den Ereignissen, über die die Welt morgen spricht, dabei sein. Jean Baudrillard erkannte treffend, daß daraus schnell eine Obsession, »konnektiert zu sein«, entstehen könne, denn wer nicht angeschlossen ist, dem droht – oder zumindest glaubt er das – der Ausschluß vom sozialen Leben.

Der Mythos vom sozialen Zentrum läßt glauben, daß man ohne die Flimmerkiste auch privat kaum anschlußfähig ist und nicht über die neuesten Themen mitreden kann. Dieser Mythos wirkt also in zweifacher Weise: Zum einen richten sich die Menschen zum scheinbaren sozialen Zentrum hin aus und zum anderen wird durch diese Ausrichtung die Alltagskommunikation von den Medienereignissen durchdrungen. Im Internet haben sich Plattformen wie Schüler-, Studi- oder MeinVZ als virtuelle soziale Zentren herausgebildet, zu denen Millionen Nutzer pilgern, um dort zu plaudern, zu flirten oder sich politisch in Gruppen mit Gleichgesinnten auszutauschen. Privat wie gesellschaftlich kann jedoch weiterhin – so banal dies klingen mag – erst etwas real und wirkmächtig werden, wenn die Nutzer die Virtualität verlassen und reale Begegnungen im Leben suchen. Der Mythos und die sich durch seine Verinnerlichung einschleichenden Gewohnheiten sorgen allerdings dafür, daß der klare Blick auf diese Binsenweisheit immer mehr verstellt wird.

2. Mikrorituale und Politische Korrektheit

In der Mediengesellschaft, die Wesenszüge eines primitiven Stammesvolkes aufweist, dienen Rituale dazu, den von Sloterdijk beschriebenen unbeschwerten »modus vivendi« dauerhaft zu verfestigen und Identität jenseits von Institutionen wie Staat und Kirche zu generieren. Ein Ritual zeichnet sich durch seinen hohen Symbolgehalt und die ihm zugeschriebenen überindividuellen Werte aus. In einer modernen, pluralistischen Gesellschaft konkurrieren verschiedene Rituale untereinander – kalendarische und christliche zum Beispiel mit hedonistischen. Vereinfacht gesagt, zielt dies auf den Gebrauch des Rituals ab: Zelebriert man Weihnachten als religiöses Fest oder rein als ein hedonistisches, bei dem das »Geschenke umtauschen« am 27. Dezember rituell genossen wird? Wenn wir mit dem amerikanischen Soziologen Albert Bergesen zwischen Mikro-, Meso- und Makroritualen unterscheiden und dies auf Medien anwenden, sehen wir, daß nicht nur große Veranstaltungen als Ritual gefeiert werden. Rituelles Verhalten zieht sich vielmehr bis hinein ins persönliche Gespräch. Als Mikroriten bezeichnet Bergesen eingeübte Redewendungen, die unter verschiedenen Sprechern Solidarität hervorrufen. Nur wer diese Sprachcodes teilt und sein Kommunizieren danach ausrichtet, kann der Gruppe, die diese Regeln durchgesetzt hat, angehören. Wer sich dem nicht fügt, wird ausgegrenzt. Gleiches gilt für die Kommunikation mit Bildern und Klängen. In einzelnen Systemen finden nun noch restriktivere Codes als im Alltag Anwendung. Der Journalismus, die Politik und das Militär haben logischerweise ihre ganz eigenen Verständigungsregeln etabliert, die stärker als die Alltagssprache konventionalisiert sind. Wer diese Regeln nicht einhält, erhält keinen Zugang zum System.

Ein für Konservative oder Rechte bedeutendes Beispiel für die ausgrenzende Wirkung von Mikroritualen sind die Sprachregeln der *Political Correctness* (PC), die von allen öffentlichkeitswirksamen Systemen beachtet werden. Jeden Tag finden sich in zig Zeitungen »BürgerInnen mit Migrationshintergrund« und auf irgendeinem Fernsehkanal faselt ein Politiker von »Zivilcourage« und meint insgeheim die bewußte Ausgrenzung von Andersdenkenden. Alltäglich entstellt die Öffentlichkeit gemäß den Konventionen der Politischen Korrektheit die Bedeutung der Bezeichnung »rechts« und unterstellt im Eiltempo »rassistische und antisemitische Tendenzen«. Das Verschweigen der Herkunft von Straftätern zählt ebenfalls zu den Regeln des Mikrorituals »politische Korrektheit«. Jeder, der in Schule, Studium oder Beruf schon einmal mit den »falschen« Worten aufgefallen ist, dürfte erlebt haben, was dieses Ritual für eine Wirkung hat. Diejenigen, die es verinnerlicht haben, solidarisieren sich untereinander und reagieren emotional, meistens sogar hysterisch, auf die illegitime Wortäußerung. Ganz schnell kann man so seinen Stempel weg haben und muß mit sozialer Ausgrenzung zurechtkommen, da das Ritual eine Grenze zwischen denen zieht, die es mitmachen, und den nicht daran Teilnehmenden. Die Politische Korrektheit kümmert sich nicht um »wahre« und »unwahre« Behauptungen. Sie basiert vielmehr auf einer Einordnung von »legitimen« und »illegitimen« Thesen, die willkürlich von den Zeremonienmeistern des Rituals durchgesetzt wurden.

Dies funktioniert dann am besten, wenn die Sprecher nicht einmal mehr mitbekommen, daß sie sich den willkürlichen Regeln fügen und sie verinnerlicht haben. In der Bildsprache läuft dies noch subtiler ab. Beim Ansehen einer *tagesschau* oder einer *heute*-Sendung geht die überwältigende Mehrheit der Zuschauer davon aus, authentische, »wahre« Bilder zu den

Tagesgeschehnissen geliefert zu bekommen. Daß jedoch bei jedem dieser Bilder der Bildausschnitt bewußt festgelegt wurde und die Schnittreihenfolge immer auch inhaltliche, subjektive Unterstellungen nach sich zieht, ist den wenigsten bewußt. So schleichen sich Mikroriten ein, die von fataler Wirkung sein können. Da öffentlich ein »Rechter« fast ausschließlich als Glatze verbildlicht wird, assoziieren die meisten Menschen – ohne daß man ihnen einen persönlichen Vorwurf machen könnte – »rechts« mit »Skinhead« und »Neonazi«. Durch die ständige Bestätigung dieser Assoziation wird dieser Eindruck gewissermaßen »naturalisiert«. Ritualisierte Sprechakte und der Einsatz von immer gleichen Schlüsselbildern zeigen also an, wer zu einer bestimmten Gruppe dazugehört, wer nicht und vor allem auch: wer erst gar nicht dazustoßen darf. Bei Jugend- und Subkulturen ist dies ebenso feststellbar. Mitglieder einer Subkultur brauchen keinen Vereinsausweis, sie müssen nur die korrekten sprachlichen und visuellen Codes bedienen. Die Gothic-Szene etwa definiert sich speziell über auffallend schwarze Kleidung und ein nur für Insider genau dekodierbares Liedgut. Wer aus dieser Zeichenwelt ausbricht, dürfte es in der Szene schwer haben. Gleiches gilt für andere Subkulturen und für stark konventionalisierte gesellschaftliche Systeme wie Politik und Journalismus.

3. Mesorituale und »rechte« Skandale

Mesorituale schaffen Hierarchie in Subkulturen und Systemen, indem über sie soziale Anerkennung ausgehandelt, zwischenmenschliche Beziehungen geregelt und der soziale Status angezeigt werden. Vielfach äußern sich Mesorituale in Form von Tabus, Verboten, Begrüßungsformeln und Repräsentationsakten. Medial wirkmächtig sind sie, wenn Menschen sogenannte parasoziale Beziehungen zu Fernsehfiguren aufbauen, wenn sie sich also so sehr mit einem Schauspieler, der nur eine fiktive Rolle spielt, identifizieren, daß sie in bestimmten Situationen sein Verhalten nachahmen und nicht mehr zwischen Fiktion und Realität unterscheiden können. Das Fernsehen dient den Zuschauern dann als soziales Vorbild für den eigenen zwischenmenschlichen Umgang. Durch die ständige Wiederholung bestimmter Handlungen im Fernsehen übernimmt der Zuschauer diese Umgangsformen, weil er sie als »normal« ansieht. *Soaps* wie etwa »Gute Zeiten, Schlechte Zeiten« werden aus diesem Grund häufig kritisiert, da sie Werte wie Untreue täglich vorspielen. Die Zuschauer gewinnen den Eindruck, es sei heute normal, hin und wieder fremdzugehen, und es sei wiederum normal, den anschließenden Streit auf die wiederum durch die Sendung vorexerzierte Weise beizulegen oder eskalieren zu lassen.

Im Journalismus und in der Politik haben Mesorituale insbesondere die Funktion, Ehrerbietung und sozialen Status anzuzeigen sowie Übergänge von einem Amt zu einem höheren oder niederen zu vollziehen. Die Forderung »Kein Bier für Nazis!«, die während des Anti-Islamisierungskongresses in Köln im September 2008 durch das Land getragen wurde, sollte nicht nur den Bierkonsum von tatsächlichen oder vermeintlichen »Nazis« verhindern. Mit ihr wurde auch der soziale Status der als »Nazis« Bezeichneten in Millionen deutsche Wohnzimmer transportiert und konkretisiert. Solche Forderungen gewinnen durch ihre ständige Wiederholung und Variation einen formellen Charakter. Bei den Teilnehmern an diesem Herabwürdigungsritual stellt sich groteskerweise ein besonders »zivilcouragiertes« Gefühlserlebnis ein, welches als Transzendenz-Surrogat wahrgenommen wird. Es ist, als hätten die Mitmacher durch ihren Protest die alte, gute Ordnung vor dem »Bösen« bewahrt und dem Gemeinwesen einen uneigennützigen Dienst erwiesen. Sie erwerben sozusagen moderne Ablaßbriefe, indem sie sich »laut gegen Nazis« engagieren. Dieser Akt läßt sie glauben, weiterhin zu den »guten« Menschen zu zählen.

Ebenfalls Opfer eines medialen Mesorituals »gegen rechts« ist der thüringische CDU-Politiker Peter Krause im Mai 2008 geworden, der eigentlich Kultusminister seines Landes werden sollte. Krause wurde seine Tätigkeit für die konservative Wochenzeitung *Junge Freiheit* vor über zehn Jahren zum Verhängnis. Seine Ernennung zum Kultusminister, ein typisches Übergangsritual der Politik, scheiterte bemerkenswerterweise am Druck der Öffentlichkeit. Politiker und Meinungsführer, die keinen direkten Einfluß auf die Entscheidungsfindung in Thüringen hatten, beteiligten sich über die Medien am Kampf gegen den »rechten« Krause, der in seinen politischen Ämtern zuvor nie negativ aufgefallen war. Es ging folglich nicht um die Person Krause oder seine Ansichten, sondern um das Zelebrieren eines Rituals, welches deutlich machen sollte, wem Ehre und soziale Reputation zuteil kommen darf und wem nicht. Der Journalist und Schriftsteller Michael Klonovsky bezeichnete den Vorgang um Krause in einem Gespräch mit der *Jungen Freiheit* richtigerweise als Bann-Ritual: »Das ist der Sinn der Bann-Rituale, etwa wenn mal ein SPDler mit Ihnen geredet hat. Gleichzeitig ist es absolut ungefährlich, gegen Ihr intellektuell zwar anspruchsvolles, aber – Sie verzeihen – insgesamt doch recht unbedeutendes Blatt zu Felde zu ziehen, was der Mentalität einer sogenannten Zivilgesellschaft erfreulich entgegenkommt. Indem man sich gegen Ihre Zeitung engagiert, kann man auf der Tugendskala nach oben klettern, ohne das Geringste zu riskieren. Es wäre nicht menschlich, ein solches Angebot auszuschlagen. Solange keine größeren Feinde Sie ablösen, werden Sie aus dieser Rolle (des Teufels, Anmerk. F. Menzel) wohl nicht herauskommen.«

Der Fernsehwissenschaftler Lothar Mikos betont in seinem Aufsatz »Ritual, Skandal und Selbstreferentialität. Fernsehen und Alltagszyklen« (2008) ebenfalls, daß diese Skandale Rituale sind: »Der kalkulierte, inszenierte Tabubruch und die moralische Empörung über echte oder vermeintliche Verfehlungen von Institutionen, Personen oder Unternehmen gehören zu den Ritualen des Fernsehens dazu.« Durch die mediale Ritualisierung der Skandale werden die Grenzen dessen abgesteckt, was man in der Öffentlichkeit sagen und machen darf. »Damit wird zugleich wieder die Grundlage für neue Skandale gelegt, denn je enger das Normengefüge, umso größer das Potenzial für Normverletzungen und deren Inszenierungen«, so Mikos. Indem die Eliten in Politik und Medien unter »rechts« und damit »böse« immer mehr Meinungen und Einstellungen subsumieren, ergibt sich für sie die Möglichkeit, neue scheinbare Enthüllungen zu inszenieren und sich darüber zu profilieren. Dabei spielen Sachargumente eine untergeordnete Rolle. Mikos spricht davon, daß rituelle Empörung eine gesellschaftliche, inhaltliche Analyse ersetze und daß diese Rituale eine dramatische Struktur aufweisen. In diesen Dramen gibt es Helden, Opfer und ein Publikum, welches über eine Katharsis belehrt wird.

Am »Fall Eva Herman« kann man diese dramatische Struktur ohne weiteres nachverfolgen. In der Exposition dieses Stückes stellt Eva Herman 2006 ihr Buch *Das Eva-Prinzip* vor, in dem sie die These vertritt, mit der traditionellen Rollenverteilung zwischen Mann und Frau könne diese als sorgende Mutter auch glücklich werden. Diese These löst den zentralen Konflikt des Stückes aus und die Repräsentanten der breiten Öffentlichkeit, vertreten durch Prominente wie Alice Schwarzer und selbsternannte Experten, betreten als Antagonisten die Bühne. Diese werfen Herman erst unterschwellig und dann immer offener eine Nähe zu »braunem Gedankengut« vor. In der steigenden Handlung verschärft sich der Konflikt durch Eva Hermans zweites Buch, *Das Prinzip Arche Noah,* und einen krummen Satz von ihr bei der Buchpräsentation: »Mit den 68ern wurde damals praktisch alles das, alles, was wir an Werten hatten, – es war 'ne grausame Zeit, das war ein völlig durchgeknallter, hochgefährlicher Politiker, der das deutsche Volk ins Verderben geführt hat, das wissen wir alle, – aber es ist damals eben auch das, was gut war, und das sind Werte, das sind Kinder, das sind Mütter, das sind Familien, das ist Zusammenhalt – das wurde abgeschafft.« Dieser Satz löst bei der breiten Öffentlichkeit moralische Empörung aus und führt dazu, daß der Norddeutsche Rundfunk (NDR) seine Zusammenarbeit mit Eva Herman aufkündigt. Die Öffentlichkeit fühlt sich in ihrer Annahme bestätigt, Herman verherrliche die Zeit des Nationalsozialismus, indem sie Familienwerte, die es »damals« gab, verteidigt.

Zum Höhepunkt kommt es knapp einen Monat nach der Buchpräsentation in der Talksendung von Johannes B. Kerner am 9. Oktober 2007. Im Nachhinein bezeichnete der Publizist Henryk M. Broder diese Sendung als ein »Tribunal«. Auf der Prozeßbühne nehmen neben Herman die Vertreter der Öffentlichkeit Platz: die Schauspielerin Senta Berger, Ex-Talkmasterin Margarethe Schreinemakers und der Komiker Mario Barth. Flankiert werden sie durch den linkslastigen Historiker Wolfgang Wippermann und den Richter des Prozesses, den Moderator Johannes B. Kerner. Trotz mehrmaliger Distanzierungen vom Nationalsozialismus wird Eva Herman die Nähe zu diesem durchgängig vorgeworfen, und der Abend mündet in der gespielten moralischen Empörung der Öffentlichkeit, woraufhin der Richter Johannes B. Kerner dem Drama um Eva Herman den Höhepunkt verpaßt, indem er sie aus dem Studio wirft. Ihre Verbannung war damit vollzogen und die Öffentlichkeit bestätigte somit die alte Ordnung des »öffentlich Legitimen«. Die mediale Nachlese dieser Sendung steht schließlich für das retardierende Moment des Dramas.

Ob es schon zum abschließenden fünften Akt des Stückes gekommen ist, ist schwer zu sagen, da die juristischen Auseinandersetzungen um die Verbannung von Herman noch nicht abgeschlossen sind. Ausschlaggebend für unseren Zusammenhang ist die dramatische Struktur dieses ritualisierten Skandals. Es handelt sich um ein Ritual, weil diese Verbannungen (z.B. Fall Krause, Fall Hohmann, ...) immer wieder vollzogen werden und diese Inszenierungen eine überindividuelle, gesellschaftskonstituierende Funktion haben. Bei diesen Skandalen bekommt der vermeintlich »Böse« eine passive Rolle als Referenzobjekt zugewiesen. Von daher sind auch seine Rechtfertigungen belanglos, da sie die Durchführung des Rituals stören würden. Die etablierten Akteure der Öffentlichkeit spielen die Zeremonienmeister und das Publikum erlebt eine Läuterung (Katharsis), die ihm verdeutlicht, welche Meinungen und Handlungen legitim und moralisch gut sind. Diese Katharsis erregt gleichermaßen Mitleid mit dem Opfer und Furcht vor gesellschaftlichen Sanktionen. Mesorituale, also solche die Beziehungen zwischen Menschen regeln, sorgten in ihrer ursprünglichen, außer-medialen Form für die Vermeidung von Ehrverletzungen. Bei den Fällen »Krause« und »Herman« geschieht genau das Gegenteil. Die »ideelle Sphäre« (Georg Simmel) dieser Personen wird durch Rituale nicht geschützt, sondern verletzt, da Herman und Krause bei dem Medienritual nur die passive Rolle des Referenzobjektes, an dem sich die Öffentlichkeit abreagiert, spielen durften.

Neben den bereits besprochenen Mikro- und Mesoritualen wird der Mythos vom sozialen Zentrum durch medial übertragene Massenveranstaltungen, große öffentliche Zeremonien, sogenannte Events und nationale wie religiöse Feiertage verstärkt. Unterscheiden sollte man dabei zwischen medienexternen Ereignissen wie der Papstbeerdigung oder der Fußball-WM, über die berichtet wird, und von den Medien selbst initiierten Ereignissen wie beispielsweise der Talentshow »Deutschland sucht den Superstar«. Diese Makrorituale schaffen in der Mediengesellschaft eine kollektive Repräsentation, die über moralische Grundsätze entscheidet und bestimmt, was normal und was unnormal ist, was moralisch gut und was verwerflich ist. Weiterhin sind diese Zeremonien heutzutage häufig zu Ritualen einer großen Illusion deformiert. Großveranstaltungen simulieren eine Gemeinschaft, wo eigentlich nur viele einzelne, anonyme Individuen aufeinandertreffen. Bei Makroritualen sollen einzelne Personen und ihre Gefühle zu einer Kollektividentität verschmelzen und durch emotionale Erlebnisse transzendente Momente vermittelt bekommen. Was in Diskotheken mit den einzelnen Besuchern auf der Tanzfläche geschieht, verdeutlicht, was damit gemeint ist. Eine Diskothek ist ebenso wie Medien eine spezielle Subjekt-Apparat-Anordnung. Man könnte beide Institutionen als Dispositive – einem Begriff, der auf den französischen

Strukturalisten Michel Foucault zurückgeht – charakterisieren. Diese versetzen das Subjekt zum Apparat hin in eine festgefügte Position. Diesem Ansatz folgend sind Diskotheken Machtapparate, die dabei helfen, kollektive Gefühlszustände als Gemeinschaftsersatz auszulösen und überschüssige, jugendliche Energien zu absorbieren. Wenn man in einer Diskothek tanzt, muß man sich dem Takt der Musik fügen und seinen Tanzstil der Masse weitestgehend anpassen. Dennoch ist man ziemlich alleine, denn wie viele der anderen Tänzer kennt man schon persönlich und mit wie vielen hat man auch nur ein Wort gesprochen? Die Gemeinschaft wird also nur simuliert und das Verhalten der Besucher durch Musik, DJ und Raumaufteilung auf einen gemeinsamen Nenner hin diszipliniert. Die dispositive Anordnung der Diskothek fordert gemeinsame Bewegungen, die dann wiederum kollektive Gefühlsausschüttungen hervorrufen. In Bewegung, also performativ, verinnerlicht man am besten und schnellsten Gefühle. Deshalb sind Diskotheken funktionstüchtige Machtapparate, um Individuen auf die Medien- und Konsumgesellschaft einzuschwören.

4. Mythen, Rituale und Ikonen – Verlust der Aura durch Mediengebrauch?

Welcher Zusammenhang besteht nun zwischen medialen Mythen, kleinen und großen Ritualen und den in diesem Buch vorangestellten Ikonen? Ikonen können alle drei Ebenen der Rituale durchdringen. Hauptsächlich dienen sie dazu, Mesoriten zu unterstützen, da zwischen Bild und Betrachter durch die hohe emotionale Einbezogenheit, die Ikonen auslösen, eine Interaktion stattfindet.

Die US-Politikwissenschaftler Robert Hariman und John Louis Lucaites veröffentlichten 2007 unter dem Titel *No Caption Needed* ein Buch über ikonische Photographien und ihren Einfluß auf die öffentliche Meinungsbildung in liberalen Demokratien. Angelehnt an ihre Thesen kann man sagen, daß moderne Medienikonen ähnlich wie religiöse funktionieren. Obwohl die meisten Medienikonen inszeniert sind, erhalten sie ihre Bedeutung durch ihren hohen Grad an Authentizität. Sie können von Menschen mit verschiedenstem sozialem Hintergrund einfach erinnert werden, sind weit verbreitet und durchdringen sowohl den öffentlichen als auch den privaten Raum. Sie formen eine kollektive Identität und helfen einer Gesellschaft dabei, ein Verständnis für die Vergangenheit zu entwickeln. Medienereignisse, die als Makroritual inszeniert werden, können nur dann ins kollektive Gedächtnis gelangen (und nicht nur ins kommunikative), wenn sie Schlüsselbilder oder Ikonen hervorbringen. Ereignisse, über die es keine Bilder gibt, werden vergessen, es sei denn, es gelingt auf andere Weise, einen Mythos zu schüren. Andererseits werden Ikonen zur Inszenierung von Ritualen gebraucht und steigern ihre Wirkmächtigkeit, weil über visuell-affektive Reize Emotionen verinnerlicht werden.

In seinem berühmten Aufsatz *Das Kunstwerk im Zeitalter seiner technischen Reproduzierbarkeit* (1936) setzt Walter Benjamin auch beim Zusammenhang von kultischen Bildern und Ritualen an: »Die ältesten Kunstwerke sind, wie wir wissen, im Dienst eines Rituals entstanden, zuerst eines magischen, dann eines religiösen. Es ist nun von entscheidender Bedeutung, daß diese auratische Daseinsweise des Kunstwerks niemals durchaus von seiner Ritualfunktion sich löst. Mit anderen Worten: Der einzigartige Wert des ›echten‹ Kunstwerks hat seine Fundierung im Ritual, in dem es seinen originären und ersten Gebrauchswert hatte.« Erst durch die Verwendung des

Bildes in der Kultur weist diese ihm eine überindividuelle Bedeutung zu, die über die Bildaussage hinausweist. Wenn der Betrachter diese überindividuelle Bedeutung durch ständige Wiederholung, Ritualisierung und das Vermitteln der Erzählung, die hinter dem Bild steht, verinnerlicht, entsteht eine Aura. Unter der Aura eines Kunstwerks versteht Benjamin seine Einmaligkeit, Echtheit und Unnahbarkeit – »das Hier und Jetzt des Kunstwerks – sein einmaliges Dasein an dem Orte, an dem es sich befindet.«

Was Benjamin sich nicht vorstellen kann ist, daß inszenierte Authentizität Kultbilder hervorbringen kann. In der modernen Mediengesellschaft ist aber genau das eingetreten. Benjamin hingegen urteilt, die Aura eines Kunstwerks verkümmere »im Zeitalter der technischen Reproduzierbarkeit« und auratische Erfahrungen würden auch »über den Bereich der Kunst hinaus« unmöglich werden. Der Verlust der Aura ist auch ein von Konservativen und Rechten häufig gebrauchter Topos. Sie antworten auf diesen Verlust, indem sie der Unverbindlichkeit die Bewahrung einer Selbsttranszendenz entgegenstellen. Gottfried Benn zum Beispiel in *Probleme der Lyrik*: »Artistik ist der Versuch der Kunst, innerhalb des allgemeinen Verfalls der Inhalte sich selber als Inhalt zu erleben und aus diesem Erlebnis einen neuen Stil zu bilden, es ist der Versuch, gegen den allgemeinen Nihilismus der Werte eine neue Transzendenz zu setzen: die Transzendenz der schöpferischen Lust.« Diese Antwort verwundert insofern, da hier das Ziel der gemeinschaftlichen Transzendenzerfahrung nicht vorkommt. Selbsttranszendenz ist ein Programm für Wenige und mit einem biedermeierlichen Rückzug hin zu Kunst und Literatur verbunden.

Aufgrund der Ausdifferenzierung der westlichen Gesellschaften bleibt fraglich, ob die Schaffung von gemeinschaftlichen Transzendenzerfahrungen überhaupt noch ohne Surrogate gelingen kann. Gemeinschaften eignen sich dieses Gefühlserlebnis öffentlich und in Bewegung an. Dem steht skeptisch gegenüber, wer der Masse an sich nichts abgewinnen kann. Aber sie ist da und wird auch weiterhin in Zustände versetzt werden, die über das kollektive Gefühlserlebnis ins massive, unkontrollierbare, den einzelnen erdrückende umschlagen können. Dieses Dilemma ist schwer zu lösen. Wir sollten uns jedoch bewußt darüber sein, daß sowohl Selbsttranszendenz als innere Stabilisation für den Einzelnen als auch symbolische Vergemeinschaftungen für die Nation notwendig sind.

Zurück zu Walter Benjamin: Er nimmt sowohl mediale als auch industrielle Apparaturen der Arbeitswelt als etwas Fremdes wahr. Im Vor- und Nachwort seines Kunstwerk-Aufsatzes läßt er erkennen, daß es ihm wesentlich um die Entfremdung der Arbeit durch die Industrialisierung geht, und daß er die Kunst nur als ein Beispiel dieses Prozesses sieht. Aber stimmt das? Der amerikanische Dichter Ezra Pound etwa sieht das anders. In seinem Essay *Maschinen-Kunst* schreibt er: »Keine Maschine hat je die Persönlichkeit eines Mannes beeinträchtigt oder seine Freiheit zerstört. Maschinen wurden zur Vermeidung von Arbeit und zur Erzeugung von Muße hergestellt. Überfüllung, schlechte Aufstellung, schlechte Lüftung von Arbeitsräumen, all diese Resultate habgieriger, unausrottbarer menschlicher Dummheit mögen Leid gebracht haben, können aber nicht der Maschine untergeschoben werden.« Und bei Marshall McLuhan können wir den gleichen Gedankengang übertragen auf Medien und Wahrnehmungsapparaturen finden. Er betrachtet diese als »Ausweitungen des Körpers« oder »Prothesen«. Seit der Erfindung von Werkzeugen, die für die Geschichte der Menschheit einen Meilenstein bedeutete, benutzen wir Apparaturen, um in uns angelegte Bedürfnisse schneller und einfacher zu erledigen. Der Wahrnehmungsapparat »Fernsehen« ermöglicht es scheinbar, ohne großen Aufwand und in kürzester Zeit die unterschiedlichsten Orte der Welt zu besuchen und an den bewegendsten Ereignissen teilzunehmen. Mit der Prothese »Internet« kann man mit ein paar Klicks Bankgeschäfte und Einkäufe erledigen. Das Problematische an einem Apparat tritt erst dann auf, wenn sich größere Bevölkerungsschichten durch seinen Gebrauch ihrer Freiheit berauben lassen und wenn der Apparat durch diese selbst verschuldete Unmündigkeit beginnt, sich des Nutzers zu bedienen. Bei der Entstehung moderner Ikonen ergänzen sich paradoxerweise die Aura des »Originalbildes« und die Fähigkeit des Medienapparates, bestimmte Kulturgüter in eine Sphäre des »Quasi-Heiligen« abzusondern und unregierbar zu machen.

5. Politische Ikonen und ihr ideologisches Potential

Ursprünglich zeichneten sich religiöse Ikonen aufgrund ihrer Frontsicht, der starken emotionalen Wirkung auf den Rezipienten und den Mythos, sie seien nicht von Menschenhand gemalt, aus. Heutzutage kann man dies etwas allgemeiner fassen und unter Medienikonen authentische Zeugnisse der Geschichte verstehen, die weit verbreitet seriell eingesetzt und dadurch kanonisiert werden. Sie werden zu quasikultischen Zwecken immer wieder gebraucht und bleiben damit im Bewußtsein präsent. Neben Bild-Ikonen gibt es selbstverständlich auch akustische Ikonen. Jeder kennt den Ausspruch John F. Kennedys »Ich bin ein Berliner!« oder den Ruf »Wir sind ein Volk!« anläßlich der Demonstrationen zum Fall der Berliner Mauer 1989 und später zur Einigung Deutschlands. Bleiben wir aber bei den Bildern: Aufgrund ihrer Verbreitung in künstlerischen, politischen, ökonomischen und medialen Kontexten sind Ikonen identitätsstiftend und dienen zur Selbstvergewisserung, geben Orientierung für Handlungen und repräsentieren eine Gruppe nach außen. Dies gilt sowohl für große kollektive Identitäten wie Staaten als auch für kleine wie beispielsweise Protestbewegungen.

In ihrer Anfangszeit, als sie wirklich noch für Protest standen, visualisierten die 68er ihre politischen Forderungen sehr gekonnt. Kaum einer führt heutzutage noch an, daß die 68er just in einer Zeit ihren Aufstieg zum ernstzunehmenden politischen Akteur feierten, als das Fernsehen zum neuen Leitmedium avancierte. Die 68er haben diese Wende vom geschriebenen Wort hin zum Bildermosaik für sich genutzt. Sie haben es geschafft, Schlüsselbilder für eine breite Öffentlichkeit zu schaffen, in denen ihre Anliegen klar werden. Dazu haben sie Bilder gezielt inszeniert. Eines der bekanntesten entstand im Rahmen des Projekts »Kommune 1«: Die Mitglieder der Wohngemeinschaft stellten sich nackt in der Haltung Festgenommener an die Wand, riefen die Presse dazu und ließen sich massenwirksam ablichten. Dieses Bild, welches Millionen Menschen noch heute kennen, hat drei Funktionen: Erstens zeigt es die Kommune 1 als eine feste, abgrenzbare Gemeinschaft, die zusammenhält, zweitens ist es als Aufforderung an andere 68er zu verstehen, ebenfalls auf die eigene gefühlte Unterdrückung durch das »Establishment« aufmerksam zu machen und sich gegen dieses zu stellen, und drittens repräsentiert es die Kommune 1 und mithin die 68er nach außen.

Aus dieser Zeit ragen eine Reihe von Bildern heraus, die alle diesen Dreiklang an Funktionen für die damalige Protestbewegung erfüllten. Das Portrait von Uschi Obermaier gehört ebenso dazu wie Rudi Dutschke im gestreiften Pulli mit Megaphon, die Che Guevara-Fotographie von Peter Korda aus dem Jahr 1960 und das Bild vom erschossenen Benno Ohnesorg. Aus diesen Bildern leitete die Öffentlichkeit Zuschreibungen für die 68er ab, die zu einem Image führten. Die Assoziationen zu dieser Protestbewegung waren also schnell gefunden. Die 68er präsentierten sich als unterdrückte Jugendrevolte mit hehren Idealen, der es gelang, sehr sexy zu wirken.

Diejenigen politischen Bilder – egal ob sie von politischen oder journalistischen Akteuren hergestellt wurden –, die aus dem »Grundrauschen« der Medien herausstechen, haben gute Chancen zu einem Schlüsselbild oder gar zu einer Ikone zu werden. Hariman und Lucaites gehen davon aus, daß ikonische Photographien einen enormen Einfluß auf die öffentliche Meinungsbildung haben, denn sie würden Ideologie reproduzieren, soziales Wissen sowie ein modernes Verständnis von Bürgerschaft vermitteln, das kollektive Gedächtnis konditionieren und bildliche Mittel zur öffentlichen Auseinandersetzung bereitstellen.

Der Ideologie-Begriff hat ideengeschichtlich mehrere Bedeutungen zugeschrieben bekommen. Im marxistischen Verständnis etwa verstand man Ideologie als Manipulation durch die herrschende Klasse. Andere Denker hingegen betrachteten Ideologie eher als etwas »Menschliches, Allzumenschliches« (bei Schopenhauer in Gestalt des Willens, bei Nietzsche in Gestalt des »Willens zur Macht«, bei Freud als das »Unbewußte«). Der Strukturalismus und Post-Marxismus (etwa der Franzose Louis Althusser) knüpft interessanterweise an diese anthropologische Sichtweise an und begreift Ideologie als eine notwendige Reduktion der sozialen Welt, durch die sie erst verstehbar werde.

In einer visuell geprägten Kultur spielt als einer dieser Reduktionsmechanismen das Bild eine entscheidende Rolle. Ikonen verkürzen ein komplexes historisches Ereignis (etwa 11. September 2001), womit einerseits im Gegensatz zum erläuternden Text ein Informationsverlust verbunden ist. Andererseits bleibt das historische Ereignis durch die Ikone leichter erinnerbar. Die Vermittlung umfangreichen sozialen Wissens kann daher nur gelingen, wenn man sich zusätzlich zur Bildaussage das notwendige Zusammenhangswissen angeeignet.

Ideologie als ein Zusammenspiel unterschiedlicher Einstellungen entfaltet, wenn sie »naturalisiert« wirkt, ihre größte Autorität. Die richtigen politischen Bilder sind damit für den Staat und die »herrschende Elite« ein Mosaiksteinchen zur Machterhaltung. Um politische Bilder im kommunikativen Gedächtnis der Gesellschaft zu verankern, bedienen sich Staat und Politik ausgefeilter Strategien, die als »public diplomacy« bezeichnet werden können. Bei diesen Strategien geht es darum, angenehme Bilder zu erst einmal in die Presse und auf die Bildschirme zu bekommen. Um beispielsweise das Bild eines Krieges im eigenen Sinne zu prägen, bedienen sich Staaten sogenannter »eingebetteter Journalisten«, die dafür sorgen sollen, daß die gewünschten Bilder von der Front in die heimischen Wohnzimmer flimmern. Seit dem 20. Jahrhundert gehört diese gelenkte Berichterstattung für jeden Staat zu einem unverzichtbaren Bestandteil der Kriegsführung.

Die Strategien zur Konditionierung des kollektiven Gedächtnisses hingegen können als »public history« definiert werden. Die Archivierung und ständige

Wiederverwendung der Bilder steht hier im Vordergrund. Die Entscheidungen darüber, wie Schulbücher bebildert werden, sind immer im Kontext dieser »public history« zu sehen, denn solche Re-Aktualisierungen und Re-Inszenierungen von Ikonen sorgen dafür, daß sie im kollektiven Gedächtnis verankert bleiben. Der Staat und die Politik haben ein Interesse daran, daß genehme Bilder ins kollektive Gedächtnis eindringen und es prägen. Andererseits werden Bilder immer dann, wenn sie in die Öffentlichkeit gelangen, von unterschiedlichen gesellschaftlichen Kräften verhandelt. Oppositionelle Kräfte können sie also umdeuten oder eigene Bilder mit gegenläufigen Bedeutungen einzuspeisen versuchen.

Politisches Zugehörigkeitsgefühl entsteht nicht nur über Parteiprogramme, Streitschriften, Literatur et cetera. Die Bedeutung der Bilder bei der Formierung von Gruppenidentitäten nimmt in unserer visuell geprägten Kultur stark zu, und im Gegensatz zur Linken besteht weder im kommunikativen noch im kollektiven Gedächtnis ein Schlüsselbild vom Rechten oder Konservativen, an das sich identitätsstiftend anschließen ließe. In einer Welt, in der »alles in eine Repräsentation verschoben« (Giorgio Agamben) wird und in der sich durch Bilder geprägte zwischenmenschliche Verhaltensweisen ausprägen, ist dies für ein politisches Milieu ein großes Problem. Weder eine Persönlichkeit noch eine Situation stehen repräsentativ für die Rechte.

Die Schaffung und Inszenierung eigener Bilder kann nur gelingen, wenn man die Funktionsweise von Medienikonen begriffen hat. Der Kunsthistoriker Erwin Panofsky hat ein weitverbreitetes Konzept der Bildbetrachtung beschrieben. Er untersuchte Bilder auf einer vor-ikonographischen, ikonographischen und einer ikonologischen Ebene. Während sich die Ikonographie mit dem Bildgegenstand selbst beschäftigt, kümmert sich die Ikonologie um die Interpretation. Die drei Ebenen der Betrachtung lassen sich gut anhand des weltberühmten Fotos der amerikanischen Fahne auf dem Iwo Jima (Abb. Seite 17) von Joe Rosenthal nachvollziehen. Dieses Bild hat eine immens große Bedeutung für den amerikanischen Nationalstolz.

Die vor-ikonographische Betrachtung bedeutet, sich seinem Gegenstand ohne jedes Vorwissen zu nähern und zuerst zu beschreiben, was man sieht. Wir sehen auf dem Bild, wie mehrere Männer auf einem Berg versuchen, eine Stange mit einer Fahne aufzustellen. Aufgrund des Wetters und der örtlichen Bedingungen fällt ihnen dies nicht leicht und sie müssen ihre ganze Kraft für das Aufstellen einsetzen. Ohne zusätzliche, schriftlich festgehaltene oder mündlich überlieferte Kenntnisse hätten wir jedoch nicht die Möglichkeit zu erfahren, wo, wann und wie die Photographie entstanden ist und welche Bedeutung sie für bestimmte Rezipienten haben könnte. Wem also der Kontext der Ikone völlig fremd ist, auf den wird sie keine »Magie« ausüben. Dieser Betrachter kann zwar in Grundzügen die Dramaturgie der Ikone erahnen, aber das identitätsstiftende Moment geht an ihm vorüber.

Erst mit literarischem Vorwissen (zweite, ikonographische Ebene) erkennen wir, daß es sich bei der Fahne um die der Vereinigten Staaten von Amerika handelt und die Männer US-Soldaten sind. Mit ein paar Recherchen erfahren wir zusätzlich, wo das Bild entstanden ist. Es wurde auf der Pazifikinsel Iwo Jima im Februar 1945 aufgenommen. Dort fand die blutigste Schlacht des Pazifikkrieges statt. Über 6000 Soldaten starben bei der Schlacht auf amerikanischer Seite, auf japanischer sogar über 20000. Diese Ausmaße führen uns direkt zur Interpretation (ikonologische Ebene). Aufgrund der historischen Einbettung des Bildes in wahre Gegebenheiten sowie seiner bereits vor-ikonographisch festgestellten Dramaturgie, die sich in der Bewegung und dem Bemühen der Soldaten sowie dem Flattern der Fahne im Wind ausdrückt, gehen wir von der Abbildung eines authentischen Augenblicks aus. Diese Authentizität vorausgesetzt, verbinden wir mit der Fotographie den unermüdlichen Kampf für das Vaterland und den ausdauernden, ungebrochenen Willen, die (US-)Leitwerte in einer historisch so schwierigen Phase wie der des Zweiten Weltkrieges durchzusetzen. Das Bild drückt aus, daß die USA den Krieg zwar noch nicht ganz gewonnen haben, aber auf einem guten Weg sind.

Wenn wir nur diese drei klassischen Ebenen nach Panofsky auf Iwo Jima anwenden, dann gelingt es uns nicht, hinter den Mythos des Bildes zu kommen. Um die Bedeutung von »Iwo Jima« zu erfassen, müssen wir ebenfalls die Entstehungs- und Wirkungsgeschichte näher betrachten. Die Historiker Gerhard Paul und Heike Talkenberger haben deshalb vorgeschlagen, eine seriell-ikonographische Betrachtung hinzuzuziehen. Bevor wir dies tun, muß allerdings die Entstehung von »Flag Raising on Iwo Jima« beleuchtet werden, denn das vermeintlich authentische Original von Joe Rosenthal ist nicht das Original. Auf dem wirklichen Original (Abb. Seite 15) steht die Fahne bereits und somit hat auch niemand mehr Mühe, sie aufzustellen. Die berühmt gewordene Photographie ist nur eine Inszenierung, die angefertigt wurde, nachdem das Potential dieser Szene erkannt wurde. In etwa dürfte es so gewesen sein: Kurz nach dem ersten Bild befahl Colonel Chandler Johnson ein zweites, besseres Foto anzufertigen. Joe Rosenthal wurde mit einigen Soldaten und einer deutlich größeren Fahne als beim ersten Mal losgeschickt, um das inzwischen weltberühmte Bild zu inszenieren.

Trotz dieser inszenierten Authentizität ist es gelungen, »Iwo Jima« als die Ikone des amerikanischen Nationalstolzes zu etablieren. Neben zahlreichen Reproduktionen in Filmen, Zeitschriften und auf T-Shirts wurden über 137 Millionen Briefmarken mit dem Motiv verkauft, und in Arlington entstand ein 30 Meter hohes Denkmal zur Erinnerung. Eine seriell-ikonographische Betrachtung bezieht diese ganzen Re-Produktionen und insbesondere auch die niederer Bildgattungen wie etwa Poster, Briefmarken oder Plakate mit ein. Dadurch erscheint die Bedeutung und Reichweite von »Iwo Jima« in einem völlig neuen Licht.

Die Photographie von Joe Rosenthal hat sich nicht nur zur Ikone des amerikanischen Nationalstolzes entwickelt, sondern ist zu einem globalen Bildschema geworden, das immer wieder gebraucht wird. Das deutsche Wochenmagazin *Der Spiegel* etwa griff das Schema mehrmals auf, um Titelmotive zu gestalten. Auf dem Titel der Ausgabe 5/1995 sind deutsche Blauhelme zu sehen, wie sie die Fahne der Bundesrepublik Deutschland aufstellen und in der Ausgabe 31/1999 verbildlicht das Wochenmagazin gar den Kampf um Mallorcas Strände mit dem »Iwo Jima«-Schema. Deutsche Touristen versuchen darauf, die deutsche Fahne am Sandstrand von Mallorca zu positionieren und ihren Claim abzustecken. Alle beteiligten, ursprünglichen Personen wurden hier ausgetauscht. Weder die US-Fahne noch die Soldaten spielen eine Rolle. Mit Hilfe eines Übertragungsaktes ist ein völlig neuer Kontext entstanden. Diese Möglichkeiten der Re-Aktualisierung von Bildern sollten wir im Kopf behalten, wenn wir darüber nachdenken wollen, wie eine Rechte in Deutschland eigene Schlüsselbilder schaffen kann.

6. Profanierung der Medien und die Überwindung konservativer Dilemmata

Ikonen und ihre Reaktualisierungen dienen dazu, den *status quo* zu verfestigen. Da wir als Teil einer Neuen Rechten, diesen *status quo* in vielen Bereichen als für den Fortbestand unserer Nation und unseres Volkes für abträglich halten, müssen wir auch seine Bilder hinterfragen. Wir kritisieren nicht, daß es identitätsstiftende Bilder gibt, die in eine apparativ erzeugte »quasi-heilige« Sphäre entrückt sind. Aus weltanschaulichen und ästhetischen Gründen lehnen wir jedoch eine Vielzahl der derzeitigen Ikonen (etwa die zitierten 68er-Ikonen) ab.

Weiterhin ist die Unantastbarkeit bestimmter Güter der Medien eine freiheitsbedrohende Tendenz. Wir sollten uns deshalb für eine Profanierung der Medien einsetzen. Angelehnt an Giorgio Agamben heißt »profanieren«, etwas dem freien Gebrauch der Menschen zurückgeben. Was bedeutet das? Die dispositive Anordnung, die Medien vorschreiben, also die Art und Weise, wie die Rezipienten durch den Apparat – sei es der Fernseher, das Internet oder die Diskothek – diszipliniert werden, schränkt den freien Gebrauch empfindlich ein. Die anscheinend »natürlichen« Strukturen der Medien müssen daher in Frage gestellt und ohne Tabus diskutiert werden.

Es gibt in dieser Problemstellung jedoch zwei Lösungsvorschläge, die nichts anderes sind als wirklichkeitsfremde Utopie: Wer glaubt, man könne – mit Bertolt Brecht gesprochen – einen »Distributionsapparat in einen Kommunikationsapparat« verwandeln, bei dem alle Menschen über egalitäre Äußerungsmöglichkeiten verfügen, der irrt. Und ebenfalls auf dem Holzweg ist, wer sich, wie Hans Magnus Enzensberger dies in seinem *Baukasten zu einer Theorie der Medien* (1970) getan hat, die Losung auf die Fahnen schreibt, es gelte nicht »die Manipulateure zum Verschwinden« zu bringen, sondern »einen jeden zum Manipulateur zu machen«. Diese Vorstellungen mißachten, daß der träge und genügsame Massenmensch nicht in der Lage und willens ist, die Manipulation seines Bewußtseins zu durchschauen. Zudem will sich dieser gar nicht an der tiefgründigen Interpretation der Realität beteiligen. Der Massenmensch erkämpft sich seine Freiheit nicht selbst. Eliten handeln für ihn vielmehr die Rahmenbedingungen, unter denen er mehr oder weniger frei lebt, aus.

Der Kampf um einen möglichst freien Gebrauch der Medien kann daher nur über die Selbstkontrolle der Öffentlichkeit stattfinden. Diese Selbstkontrolle muß sowohl die Inhalte als auch die dahinterstehenden Strukturen erfassen und funktioniert idealtypisch nach dem Muster »Zeitung ›A‹ kontrolliert Zeitung ›B‹ und umgekehrt«. Der Staat muß zusätzlich dazu seine Aufgabe, die im Grundgesetz verankerte Meinungs- und Pressefreiheit für alle Bürger sicherzustellen, wirklich ernst nehmen. Trotz des in einer freiheitlichen Gesellschaft völlig normalen, harten Konkurrenzkampfes um Deutungshoheit ist es nicht hinnehmbar, daß ein Markt ohne Moral entsteht, auf dem es legitim ist, Menschen durch Bann-Rituale zu Referenzobjekten zu degradieren, an denen sich die Masse abreagiert. Als Korrektiv zur Bekämpfung dieser Auswüchse sowie generell im Meinungs- und Kulturkampf nimmt einen die Öffentlichkeit jedoch erst dann wahr, wenn man über einigermaßen mächtige Institutionen verfügt.

Der Aufbau dieser ist nur mit viel Geschick zu bewältigen. Eine skeptische Haltung gegenüber einzelnen Inhalten und der Rückzug in Nischen fernab der Medienwelt ist dagegen wenig produktiv und ganz und gar nicht politisch. Ende der 60er-Jahre stellte unser Vordenker Armin Mohler in einem Essay fest, daß der Konservative Probleme habe, sich mit den

Gegebenheiten der Industriegesellschaft zurechtzufinden. Viele würden romantisieren und der Utopie einer »natürlichen« Gesellschaft anhängen. Dieser Rückzug, der selbsttranszendente Züge aufweist, hat in Hinblick auf das eigene Seelenheil viel für sich. Denken wir jedoch an Paradigmenwechsel und Tendenzwenden von rechts, an Politik und Metapolitik im Hier und Jetzt, ist er völlig unbrauchbar. Mohler schlägt als Lösung dieses Dilemmas in Anlehnung an Ernst Jünger eine »organische Konstruktion« vor.

Das von Mohler diagnostizierte Problem und seinen Lösungsansatz können wir sehr einfach auf die Mediengesellschaft übertragen. Was damals für die Industrie galt, gilt heute für die Medien. Uns muß bewußt sein, daß Abbildungen der Wirklichkeit durch Medien nur Konstruktionen sind. Leider finden wir heute viel zu viele Fehlkonstruktionen der Wirklichkeit, die wir aufdecken müssen, denn diese bieten uns und den Bürgern mehr Schein als Sein an. Die medial vermittelten Mythen und ihre ritualisierten Formen verdienen Kritik, weil sie lebensfremd sind. Sie erzählen die Geschichten der Welt illusorisch und viel zu häufig in gutmenschlicher Manier, die den Blick auf die eigentlichen Probleme Deutschlands verstellt. Diese lebensfremden Mythen und Rituale begünstigen sehr fragile Identitäten, die nicht zu den realen Lebensumständen der Menschen passen. Wenn wir als Medienproduzenten agieren, konstruieren wir die Wirklichkeit allerdings auch nur. Unsere Aufgabe liegt daher darin, die Realität lebensnäher – also organischer – zu konstruieren. Wir möchten mittels Medien echte Gemeinschaftsbildung mit Werten und Inhalten vorantreiben und solch große »organische Konstruktionen« wie die Nation mit dem notwendigen symbolischen Rüstzeug ausstatten.

Um sich auf diesen Weg zu begeben, muß das rechtskonservative Milieu den Kampf um symbolische Macht aufnehmen. Sein Einfluß auf die faktische Politik, auf Gesetze und Mehrheiten, geht gegen Null. Politik findet allerdings seit jeher in zwei Arenen statt: im politischen System an sich und in der Öffentlichkeit als Aushandlungsort symbolischer Macht. Der Kampf um symbolische Macht ist im vorpolitischen Raum angesiedelt und umfaßt nicht nur Politik, sondern ebenso Kultur und dabei Hochkultur und Alltags- oder Popkultur gleichermaßen. Der französische Soziologe Pierre Bourdieu, in seinen letzten Lebensjahren noch Mitbegründer von »Attac«, hat in diesem Zusammenhang interessante Ideen zum sozialen sowie zum Kulturkapital formuliert. Bourdieu unterscheidet zwischen inkorporiertem, objektiviertem und institutionalisiertem Kulturkapital. Er bezeichnet Kulturkapital als inkorporiert, wenn eine Person bestimmte Identitätsangebote, also etwa Werte, Verhaltensweisen, Bilder, Erzählungen, habituell verinnerlicht hat. Inkorporiertes Kulturkapital ist damit nur an die einzelne Person und seine biologischen Grenzen (Tod) gebunden. Seine »Güter« sind noch nicht Bestandteil des kollektiven Gedächtnisses. Erst durch die materielle Übertragbarkeit und Verbreitung kann Kulturkapital nach Bourdieu objektiviert werden. Die Weitergabe und Verdinglichung von Bildern, Schriften, Mythen und anderen Erzählungen ermöglicht es, daß Kulturkapital zunehmend »naturalisiert« erscheint und ins kollektive Gedächtnis eingehen kann. Religiöse Ikonen wurden früher immer mit der mythischen Erzählung verbunden, sie seien nicht von Menschenhand gemalt. Wenn Kulturkapital objektiviert wird, spielt die Autorschaft und damit Subjektivität für die Gesellschaft eine immer geringere Rolle. Wenn es bei Medienikonen keine Rolle mehr spielt, wer sie wie und warum fotografiert oder aufgenommen hat, dann sind sie objektiviert.

Als institutionalisiertes Kulturkapital bezeichnet Bourdieu schließlich bestimmte (Bildungs-)Titel, die für Kompetenz bürgen sollen. Der Kampf darum, welche »Kulturgüter« von einzelnen Personen inkorporiert oder gesellschaftlich objektiviert werden, findet im vorpolitischen Raum statt. Er ist nicht an politische Ämter oder Wahlerfolge gebunden. Über die Kulturgüter, die im vorpolitischen Raum wirkmächtig werden, entscheiden heutzutage vielmehr die »Gatekeeper« (Schleusenwärter) der Massenmedien, indem sie die Auswahl treffen, welche Ereignisse (in den Medien) stattfinden und welche nicht. Sie selektieren, welche Meinungen, Informationen und Bilder ein größeres Publikum erreichen und welche zu einem Nischendasein verbannt sind. Um eigene Kulturgüter im Fundament unserer Gesellschaft zu verfestigen, muß man am »Gatekeeper« vorbeikommen. Das Problem für das rechtskonservative Lager ist es, daß uns die Durchfahrt durch diese Schleuse fast immer verwehrt wird.

Die »Neue Rechte« muß sich daher neben herkömmlichen Strategien neue überlegen. Das so genannte Web 2.0, wo sich Prosumenten als breite Bürgerbewegung an der Entstehung von Texten, Bildern und Videos auf freiwilliger Basis beteiligen können, könnte so ein alternativer Betätigungsraum sein. Das Wort »Prosument« ist eine Zusammensetzung aus

»Produzent« und »Konsument« und zielt darauf ab, die »Hobby-Medienmacher«, die über das Internet ihre Inhalte verbreiten, mitzuerfassen. Mit den Anwendungen des Web 2.0 kann jeder seine eigenen Beiträge einem großen Publikum zugängig machen. Eine kleine Online-Bürgerbewegung hätte die Möglichkeit, diese Beiträge wie einen Virus zu verbreiten. Fachleute sprechen dann von »viralem Marketing«. Eine kleine Gruppe verbreitet also über Foren, Blogs und Communities bestimmte Texte, Bilder und Videos, um so an den Gatekeepern vorbei ein großes Publikum zu erreichen.

Daß diese viralen Formen der Verbreitung von Beiträgen durchaus in die Massenmedien überschwappen können, zeigt der »Ypsilanti-Radio ›ffn‹-Skandal«. Im September 2008 erlaubte sich der Stimmenimitator Jochen Krause des niedersächsischen Radiosenders *ffn* den Spaß, als Franz Müntefering bei der ehemaligen hessischen SPD-Chefin Andrea Ypsilanti anzurufen. Ypsilanti fiel prompt auf den »falschen Münte« rein und ließ sich von ihm den Posten der SPD-Generalsekretärin anbieten. »Wenn einer Heil heißt, ist er nicht heilig«, sagte Krause als Stimmendouble des damals designierten SPD-Parteivorsitzenden. Ypsilanti verriet in dem Telefonat nichts Weltbewegendes und trotzdem untersagte die SPD die Veröffentlichung des Mitschnitts. Dennoch landeten fast zwei Minuten des Gesprächs wenige Tage später auf der Videoplattform Youtube. Wiederum protestierten SPD und *ffn* – doch ohne Aussicht auf Erfolg. Zwar bemühte sich Youtube, den Mitschnitt immer wieder aus dem Netz zu nehmen, aber ständig stellten ihn neue Nutzer auf die Plattform. Binnen weniger Tage klickte so eine in die Millionen gehende Zahl von Hörern den Telefonmitschnitt an und tagelang berichteten alle Leitmedien über den Fall. Rechtskonservative Prosumenten könnten also einerseits selbst als Hobbyfotographen, -filmer oder -journalisten aktiv werden oder – und dies bietet sich für eine größere Zahl an – bei der viralen Verbreitung der eigenen Inhalte mithelfen. Besonders wichtig ist dabei allerdings der Rückbezug zur realen Welt, denn sonst kommt das Engagement im Web 2.0 nicht über das Stadium eines Spiels hinaus.

Darüber hinaus braucht das rechtskonservative Milieu dringend Schlüsselbilder, die repräsentativ für dieses stehen. Charismatische Führungspersönlichkeiten, deren Gesicht man mit dem Milieu in Verbindung bringt, müssen in naher Zukunft ebenso herausstechen wie Schlüsselszenen, die den eigenen Standpunkt untermauern. Für das Thema »Ausländerkriminalität« kristallisiert sich bereits ein erstes Bild heraus. Es handelt sich um die Aufnahme einer Überwachungskamera in einer Münchner U-Bahnstation, die einen Türken und einen Griechen im Dezember 2007 dabei beobachtete, wie sie einen 76jährigen Rentner ins Koma prügelten. Als Standbild für Print- und Onlinezeitungen hat sich der Moment erhalten, als einer der beiden jungen Ausländer gerade zu einem Tritt gegen den Kopf des Rentners ansetzt. Im vergangenen Jahr wurde dieses Bild von deutschen Medien immer wieder aufgegriffen, wenn irgendwo in Deutschland eine ähnliche Tat begangen wurde. Obwohl aufgrund politisch korrekter Sprachregelungen die Herkunft der Täter nie genannt wurde, gab das begeleitende Bild doch einen Hinweis auf den vorhandenen Migrationshintergrund.

Darüber hinaus bedarf es Versuche, an eigene Ereignisse gekoppelte Bilder zu schaffen und zu etablieren. Im Rahmen der *konservativ-subversiven aktion (ksa)* nimmt dieser Versuch Gestalt an. Sein Gelingen hängt wesentlich von der Bereitschaft, das eigene Gesicht zu zeigen und somit authentisch zu sein, ab und davon, ob sich junge Rechte finden, die nicht nur über die Welt reden, sondern auch wahrnehmbar in ihr agieren. Aufgrund der ritualisierten Skandalisierung unseres Milieus dürfte sich die Anzahl derjenigen, die zu solchen bilderzwingenden Aktionen bereit sind, in Grenzen halten. Dennoch braucht es diese junge authentische Avantgarde. Neben dieser ersten Strategie, Bilder oder – optimistischer gesprochen – Ikonen zu schaffen, könnten zwei weitere zum Ziel führen. Zum einen könnte es sich lohnen, bereits vorhandene Medienikonen mit neuen, unserem Weltbild entsprechenden, Bedeutungen zu reaktualisieren. Dies hat den Vorteil, daß wir dann auf ein bekanntes, funktionierendes Schema aufbauen und die Gefahr verringern, in szeneeigene Codes zu verfallen. Diese Strategie dürfte im Hinblick auf die gesellschaftlich etablierten symbolischen Codes am anschlußfähigsten sein. Als drittes könnten wir konservative »Bilder ohne Betrachter« aus unseren Archiven hervorkramen, sie reaktualisieren und popularisieren.

Der Neuen Rechten fehlen Schlüsselbilder, in denen sich ihr Weltbild bündelt. Wenn sie ihre eigenen metapolitischen Überlegungen ernst nimmt, muß ihr die Schaffung solcher Bilder gelingen! Die Menschen in diesem Land müssen sich ein Bild von ihr machen können.

Bibliographie

Giorgio Agamben: *Was ist ein Dispositiv?*, Zürich-Berlin 2008

Giorgio Agamben: *Kindheit und Geschichte. Zerstörung der Erfahrung und Ursprung der Geschichte*, Frankfurt am Main 2006

Giorgio Agamben: *Die kommende Gemeinschaft*, Berlin 2003

Jean Baudrillard: Videowelt und fraktales Subjekt, in: Ars Electronica (Hg.): *Philosophien der neuen Technologie*, Berlin 1989, S. 113-131

Walter Benjamin: *Das Kunstwerk im Zeitalter seiner technischen Reproduzierbarkeit*. Mit weiteren Materialien, Frankfurt am Main 2007 (Erstveröffentlichung des Essays: 1936)

Gottfried Benn: *Probleme der Lyrik*. Vortrag in der Universität Marburg 1951, Wiesbaden 1964

Albert Bergesen: Die rituelle Ordnung, in: Andréa Bellinger/David J. Krieger (Hg.): *Ritualtheorien. Ein einführendes Handbuch*, Wiesbaden 2003, S. 49–77

Pierre Bourdieu: *Die verborgenen Mechanismen der Macht*, Hamburg 1992

Nick Couldry: *Media Rituals. A Critical Approach*, London 2003

Hans Magnus Enzensberger: Baukasten zu einer Theorie der Medien, in: *Kursbuch* 20 (1970)

Robert Hariman/John Louis Lucaites: *No Caption Needed. Iconic Photographs, Public Culture, and Liberal Democracy*, Chicago 2007

Herbert Marshall McLuhan: *Die Gutenberg-Galaxis. Das Ende des Buchdruckzeitalters*, Düsseldorf/Wien 1968

Herbert Marshall McLuhan: *Die magischen Kanäle*, Düsseldorf/Wien 1968a (Originaltitel in Englisch: *Unterstanding Media. The Extensions of Man.*)

Lothar Mikos: Ritual, Skandal, Fernsehen und Alltagszyklen, in: Kathrin Fahlenbrach/Ingrid Brück/Anne Bartsch (Hg.): *Medienrituale. Zur rituellen Performanz in Film, Fernsehen und Neuen Medien*, Wiesbaden 2008, S. 35–47

Armin Mohler: Der Konservative in der technischen Zivilisation, in: ders.: *Von rechts gesehen*, Stuttgart 1974, S. 13–35

Erwin Panofsky: Ikonographie und Ikonologie. Eine Einführung in die Kunst der Renaissance, in: ders.: *Sinn und Deutung in der bildenden Kunst*, Köln 1975.

Gerhard Paul (Hg.): *Visual History. Ein Studienbuch*, Göttingen 2006

Ezra Pound: *Maschinen Kunst. Das verlorene Denken der italienischen Jahre*, Wien 2005

Peter Sloterdijk: *Theorien der Nachkriegszeiten. Bemerkungen zu den deutsch-französischen Beziehungen seit 1945*, Frankfurt am Main 2008